La Parole des prophètes s'accomplit
d'Abraham à Gabriele

La Parole des prophètes
s'accomplit

D'ABRAHAM
À
GABRIELE

Gabriele-Verlag
Das Wort

1ère édition mars 2014

Traduit de l'allemand
Titre original :
Von Abraham bis Gabriele

Pour toute question se rapportant au sens,
l'édition allemande fait référence

Editeur : Gabriele-Verlag Das Wort GmbH
Max-Braun-Str. 2 • 97828 Marktheidenfeld, Allemagne
www.la-parole.com

ISBN : 978-3-89201-368-6

Photos :
Couverture : © Patrick Poendl • fotolia.com

Comme la pluie
et la neige descendent des cieux
et n'y retournent pas
sans avoir arrosé, fécondé la terre
et fait germer les plantes,
sans avoir donné de la semence au semeur
et du pain à celui qui mange,
ainsi en est-il de la Parole
qui sort de Ma bouche :
Elle ne retourne pas à Moi sans effet,
sans avoir exécuté Ma volonté
et accompli avec succès
ce pour quoi Je l'ai envoyée.

(Isaïe 55, 10-11)

Table des matières

Préface

L'action des prophètes de Dieu à travers les millénaires constitue en fin de compte le fondement de l'histoire culturelle de l'humanité. Comme par le passé, les grandes religions continuent de s'appuyer sur la Parole de l'Eternel transmise par les prophètes. Pourtant aujourd'hui, en particulier au sein de la chrétienté, les messagers de Dieu sont tout simplement relégués dans une sorte de galerie des ancêtres appartenant à une époque depuis longtemps révolue.

Le clergé cultuel, auquel les grands prophètes de Dieu se sont opposés à toutes les époques, s'est installé sur un piédestal qu'il s'est lui-même construit. Bien sûr, on trouve encore ici ou là la Parole de Dieu donnée à travers Ses messagers, mélangée à la fadeur des dogmes ecclésiastiques, mais les visions des prophètes, les exhortations et orientations données par Dieu, sont rejetées.

Cet ouvrage montre de façon dense le grand plan sur lequel repose l'action des vrais pro-

phètes de Dieu mais également les conséquences dévastatrices de leur non prise en
compte par la majorité de ceux qui ont obéi
aux prêtres et n'ont pas suivi la Parole de Dieu.
Depuis Abraham jusqu'à Gabriele, la prophétesse et messagère de Dieu à notre époque,
c'est le même Esprit, l'Intelligence universelle,
qui oeuvre pour un plan reposant dans l'accomplissement de la prière du « Notre Père »
enseignée par Jésus, le Christ, et dans laquelle
il est dit : « Sur la Terre comme au Ciel. »

La Parole des prophètes s'accomplit.
D'Abraham à Gabriele

La plupart des gens, tout particulièrement au cœur de ce qui est appelé la chrétienté, considèrent l'action des prophètes de Dieu au cours de l'histoire de l'humanité comme un événement secondaire n'ayant que peu, voire aucune signification pour leur vie de tous les jours. La venue sur Terre des grands envoyés de Dieu, qui annonçaient Sa Parole et exhortaient l'humanité, est considérée comme un événement historique au cours duquel un Dieu inconnu a, plus ou moins selon la loi du hasard, transmis Sa Parole.

Pourquoi cette Parole, la Parole de Dieu ? D'où vient-elle et d'où vient ce Dieu qui se révèle ? Comment est-Il ? De quoi est-il question dans la Parole révélée par l'Eternel ? Toutes ces questions disparaissent dans le brouillard de ce qu'ont transmis les institutions ecclésiastiques. Les interprétations plus que poussiéreuses de la doctrine de l'Eglise, imprégnées de conceptions païennes, voilèrent massivement le contenu de la Parole révélée par Dieu.

Bien que dans la Bible elle-même on puisse lire comment Jésus expliquait les écritures parlant des prophètes et de Sa venue, bien peu de personnes prennent conscience que Ses explications concernent des événements du temporel ayant leur origine dans le monde spirituel et découlant d'un plan divin.

A Emmaüs, le Christ dit à Ses disciples : « *Ô, insensés ! Votre cœur est bien lent à croire tout ce que les prophètes ont dit ! Le Christ n'a-t-Il souffert et n'est-Il pas mort dans Sa gloire comme ils l'ont annoncé ? Et commençant par Moïse et tous les Prophètes, Il leur interprétait ce qui avait été dit de Lui dans toutes les Ecritures.* »
Ces paroles montrent bien que l'ensemble de l'action de tous les envoyés de Dieu n'est pas un patchwork dû au hasard, que la Parole de l'Eternel n'est pas transmise aux hommes ici ou là, de manière aléatoire. L'Esprit prophétique

qui agit à travers les porteurs de la Parole fait partie du grand plan du Royaume de Dieu, visant à reconduire en son sein les êtres de la chute qui au plus profond de leur âme sont des êtres divins issus de la patrie éternelle. A travers l'appel lancé par Ses messagers, l'Eternel, l'Esprit libre universel, Dieu, veut décider les hommes à faire demi-tour et leur montrer le chemin qui ramène à la maison du Père.

C'est le plan spirituel, divin, qui de tout temps fut à la base de l'œuvre de tous les vrais prophètes de Dieu, et cela jusqu'à aujourd'hui. Toute l'histoire de l'humanité est reliée de manière inéluctable à l'appel de l'Eternel à travers les porteurs de Sa Parole.

Telles des perles enfilées les unes derrière les autres, la Parole de Dieu s'adresse à l'humanité avec des enseignements spirituels toujours plus complets et toujours plus profonds en fonction du niveau de conscience des hommes et de la société de l'époque.

*A la base de l'œuvre de tous
les prophètes de Dieu, il y a toujours
une mission, un plan spirituel divin*

Dans les grands prophètes de Dieu étaient et sont incarnés des êtres spirituels élevés envoyés sur la Terre avec la mission divine de s'apprêter pour Sa Parole afin de préparer le retour de Ses enfants dans le royaume de l'existence éternelle pure, le retour de Ses fils et Ses filles que nous sommes tous au plus profond de notre âme.

Dans la parabole des vignerons homicides, Jésus de Nazareth fait allusion au puissant plan de Dieu. Dans cette parabole, le propriétaire de la vigne envoya ses serviteurs vers les vignerons désobéissants, mais ceux-ci les tuèrent les uns après les autres. Voyant que tout était vain, il envoya son propre fils mais les vignerons le tuèrent également. Dans cette parabole, Jésus, le Christ, parle de Lui-même mais également des envoyés de Dieu, Ses serviteurs, les porteurs de Sa Parole, qui sont des êtres spirituels élevés devant le trône de Dieu.

Aujourd'hui, à travers Gabriele, la prophétesse et messagère de Dieu de notre époque, nous avons connaissance de l'immense plan spirituel divin à la base de l'action de tous les grands prophètes de Dieu. Les porteurs de la Parole de Dieu puisent dans un seul et même courant. Ils agissent pour une seule et même mission. Le souhait universel du Père éternel est de serrer à nouveau sur Son cœur de Père tous les enfants de Sa création, de les ramener dans les lois de l'existence pure qui sont les lois de la Vie, du royaume de Dieu. Seuls les envoyés de Dieu transmettent Son souhait et Sa volonté.

Sa volonté c'est la loi d'airain de l'infini. De tout temps, des extraits de la loi éternelle ont été donnés aux hommes, à la mesure de leur capacité à les comprendre. Dieu les a transmis à travers Ses envoyés qui reçoivent Sa bénédiction, Ses prophètes, et non ceux qui se donnent eux-mêmes la bénédiction, les prêtres. C'est pourquoi Dieu a toujours conduit les porteurs de Sa Parole hors de la hiérarchie ecclésiastique.

Encore une fois, le retour à la maison du Père éternel de tous les êtres qui ont chuté est le plan spirituel divin à la base de l'action de tous les vrais prophètes de Dieu.

La parole prophétique divine :
A travers les millénaires, une seule
et même source

Examinons maintenant de plus près ce fil de perles, les perles de la parole prophétique divine, qui nous permet de reconnaître le grand plan de Dieu qui de manière ininterrompue traverse les millénaires passés, d'Abraham, il y a environ 4000 ans, à Gabriele, aujourd'hui.

Notre but n'est pas de présenter un déroulement historique exhaustif mais de montrer l'étendue de ce qui a été apporté à l'humanité par les porteurs de la Parole de Dieu. A toutes les époques et dans toutes les cultures, Dieu a envoyé Ses messagers afin de conduire les hommes vers la justice et la paix et les faire renoncer à la violence et à la cruauté.

Cependant, dans toutes les cultures le même scénario se reproduisit, les porteurs de la Parole de Dieu furent poursuivis, chassés et souvent assassinés. L'enseignement, la Parole de l'Eternel, fut réprimé ou déformé, voire falsifié, au point d'en être méconnaissable, et récupéré par les hiérarchies des cultes sacerdotaux en vigueur.

Abraham : le père
de la connaissance du Dieu unique

Il y a bientôt 4000 ans, au coeur d'une époque dominée par le polythéisme, la superstition, le culte de Baal et le culte du sacrifice, l'Eternel se révéla à Abraham en s'annonçant comme le Dieu unique. Ainsi, Abraham est le père de la connaissance du Dieu unique. A travers lui, l'Eternel appela les hommes de l'époque à aspirer à Lui, l'Un universel, et à se détacher des actes cultuels dictés par les religions conduites par les prêtres qui, à l'époque comme aujourd'hui, induisent le peuple en erreur par de nombreux cultes et cérémonies. A cette époque, ceux-ci servaient à s'attirer la clémence des dieux et divinités les plus divers. Aujourd'hui, ils servent à vénérer le nouveau modèle païen du culte des prêtres de Baal, l'idolâtrie pratiquée par ceux qui suivent les religions institutionnelles actuelles.

A travers Abraham, Dieu réfuta le polythéisme avec puissance, à une époque où les hommes suivaient les chimères trompeuses des religions cultuelles des prêtres de l'époque et croyaient être protégés ou avantagés en s'attirant la clémence de nombreux dieux et divinités par des actes cultuels.

Au cœur de cette époque, l'Eternel s'adressa à Abraham et lui donna la mission de quitter la maison de son père pour se rendre dans un pays qu'Il lui montrerait. Selon ce qui est rapporté, l'Eternel dit à Abraham : « Je ferai naître de toi un grand peuple, Je te bénirai. »

Ces paroles font part pour la première fois du plan divin visant à constituer un peuple qui habitera une terre où agira la bénédiction de Dieu, car les hommes y vivront unis dans Son Esprit. L'Eternel conduisit Abraham hors d'Ur, une métropole de l'époque, et promit de le conduire dans un pays où lui et les siens seraient bénis. Empli de confiance, Abraham quitta le pays de ses ancêtres et se mit en recherche, guidé uniquement par la Parole que Dieu lui adressait.

Abraham avait reconnu Dieu comme le Dieu unique, le « Je suis le Je suis ». A d'innombrables reprises, dans l'Ancienne Alliance, l'Eternel exhorta les hommes à ne pas suivre les chimères trompeuses des prêtres et de leurs religions cultuelles mais à Le reconnaître, Lui, l'unique Eternel, le Dieu véritable qui fut, qui est et sera éternellement, et à être juste envers tout ce qui vit.

Les siècles passèrent. Certains acceptèrent en partie le Dieu unique, d'autres restèrent liés aux cultes. Au lieu de constituer un peuple auquel aurait été confiée une terre bénie de Dieu, le peuple tomba dans de nombreuses addictions et fut réduit à l'esclavage par les Egyptiens.

L'Eternel révéla à travers Moïse
les fondements d'une vie sur
une terre promise : Les Dix Commandements

Une nouvelle fois, l'appel de Dieu toucha un homme : Moïse. Il perçut la voix de Dieu lui disant qu'Il le conduirait, lui et son peuple vers une Terre promise où coulent le lait et le miel. L'Eternel ne s'en tint pas seulement à cette promesse, Il révéla à Moïse des extraits de la Loi éternelle des Cieux, les Dix Commandements, des lignes de vie éthiques qui sont les conditions de base pour pouvoir former un peuple vivant sur une terre promise. Cette promesse et l'accomplissement des Dix Commandements sont indissociables.

Pourtant, ils sont souvent considérés isolément. D'un côté, une terre synonyme de bénédiction et de l'autre, les Commandements de Dieu. Cette façon de penser est issue du culte des miracles promulgué par les prêtres, qui ont remplacé l'accomplissement des lois de Dieu par une alliance basée sur le mystère.

Moïse reçut de Dieu, l'Eternel, les Dix Commandements qui, une nouvelle fois, parlaient aux hommes du Dieu unique. Le premier Commandement dit : « Je suis le Seigneur, ton Dieu. Tu n'auras pas d'autres dieux que Moi. »

A travers Ses prophètes, l'Eternel voulait conduire les hommes sur la terre promise. Pour cela, Il leur offrit, à travers Moïse, formulés en paroles simples et claires, les Dix Commandements, des règles de vie pour tous ceux qui dans leur vie souhaitent honorer le Dieu unique.

L'adversaire des envoyés de Dieu : Le clergé cultuel

Aaron, le frère aîné de Moïse, se détourna pourtant des Commandements clairs du Dieu unique. Il instaura à nouveau un clergé cultuel et créa une religion cultuelle qui recouvrit de son clergé et de son idolâtrie la Parole de l'Eternel. Il devint lui-même le premier grand prêtre de cette religion, ce qui est révélateur.

Aujourd'hui, même les institutions ecclésiastiques ne contestent plus le fait que Moïse n'ait pas écrit « les cinq livres de Moïse » que l'on trouve dans l'Ancien Testament. Une grande partie de ce qu'on peut y lire ne sort pas de la bouche de ce grand prophète et est en flagrante contradiction avec ce que l'Eternel a enseigné à travers lui dans Ses Commandements.

Le Commandement universel « Tu ne tueras pas », qui conduit à l'unité, fut ignoré au profit des rites instaurés par les prêtres, et inversé en son contraire. Il fut en effet ordonné aux prêtres du nouveau culte, celui d'Aaron, de sacrifier des animaux, autrement dit des enfants de la création, des enfants de l'Un-Universel, sur l'autel qui devint ainsi un véritable échafaud pour animaux.

Moïse, le prophète de Dieu, était resté fidèle aux Commandements de son Dieu qui énoncent clairement : « Tu ne tueras pas ». Pourtant, la caste des prêtres instaura en son nom des prescriptions cultuelles qui avaient pour but de réduire à néant ce Commandement central. Le Dieu de la Vie, Lui, l'Eternel qui, à travers Moïse, transmit le Commandement : « Tu ne tueras pas » aurait tout à coup plaisir à voir couler sur un autel le sang de Ses propres créatures, à recevoir en sacrifice de la graisse d'agneaux et de veaux innocents brûlés par le feu et dont l'odeur, selon ce nouveau culte, servirait à « apaiser le Seigneur » ! Lui, l'Eternel qui, à travers Moïse, a dit : « Tu ne tueras pas », aurait tout à coup ordonné de commettre des meurtres, de lyncher, de voler et de piller !

Beaucoup de personnes n'écoutèrent pas la Parole de Dieu donnée à travers Ses prophètes. Elles rejetèrent Ses Commandements pour suivre à leur place les nombreuses lois des prêtres qui, bien que les enfermant dans un carcan, leur donnaient davantage la possibilité de mener une vie dépravée.

Le culte des prêtres prit ainsi la place de la connaissance de Dieu, le vice celle d'une éthique élevée, et les sacrifices d'animaux sur les autels extérieurs remplacèrent le sacrifice des aspects pécheurs sur l'autel intérieur. L'appel de Dieu à travers Moïse se perdit en majeure partie dans la cacophonie des cultes et des préceptes des prêtres qui le recouvrirent. Les lois et interdictions édictées par la caste des prêtres remplacèrent les Commandements de Dieu.

Des années, des décennies, des siècles s'écoulèrent. Par l'accomplissement des Commandements de Dieu, les hommes auraient pu trouver la liberté et la paix. Au lieu de cela, ils se lièrent à nouveau à des cultes qui leur permettaient de continuer à cultiver les habitudes qu'ils avaient acquises près des chaudrons de viande d'Egypte.

De nouveau, un être spirituel élevé vint des Cieux pour se faire homme et servir Dieu, l'Eternel, en tant que prophète : Isaïe

Sans cesse les envoyés de l'Eternel transmirent aux hommes les perles de la Parole de Dieu, ce fut aussi le cas après Moïse. A nouveau, des êtres spirituels élevés venus du royaume de Dieu s'incarnèrent pour agir sur Terre comme prophètes et annoncer la loi de la liberté, de l'unité et de la justice. Ce fut également le cas d'Isaïe, le chérubin de la Sagesse divine incarné.

A travers ce grand prophète, Dieu, l'Eternel, s'adressa aux hommes avec puissance. Ces paroles restent toujours valables aujourd'hui. Il pria les hommes d'être justes au lieu de s'adonner à l'idolâtrie, de cultiver la compassion et de se mettre au service de l'autre au lieu de pratiquer le culte des sacrifices.

A travers Isaïe, l'Eternel exprima de nouveau qu'Il est l'Un universel qui n'habite pas dans des temples en pierre :

« A part Moi y a-t-il un autre Dieu ? Non, il n'y a pas d'autre Rocher, Je n'en connais aucun. » Et aussi : « Quel genre de maison pouvez-vous donc Me bâtir ?... Tout ce que vous voyez, Je l'ai fait de Mes mains. »

Par ces paroles données à travers Isaïe, l'Eternel nous fait part de Son omniprésence.

Ce message central de Dieu, exprimé par ces quelques mots, *« ce sont Mes mains qui ont fait toutes ces choses et en dehors de Moi il n'y a pas d'autre Dieu »*, montre que déjà à travers Isaïe, Dieu, l'Eternel, se fit connaître comme la force créatrice de l'unité universelle. Aujourd'hui, la boucle est bouclée : à travers Gabriele, Dieu nous est expliqué de manière détaillée en tant qu'unité universelle qui parle.

A travers Isaïe
l'Eternel éleva puissamment Sa voix contre les sacrifices d'animaux et l'idolâtrie

Comme ce sont justement Ses mains qui ont créé toutes ces choses, Dieu critiqua violemment à travers Isaïe les sacrifices d'animaux dans un langage clair :

« Je n'ai rien à faire de vos nombreux sacrifices, déclare le Seigneur. J'en ai assez des béliers consumés par le feu et de la graisse des veaux. Je n'éprouve aucun plaisir au sang des taureaux, des agneaux et des boucs. Vous venez vous présenter devant Moi, mais vous ai-Je demandé de piétiner les cours de Mon temple ?

Cessez de M'apporter des offrandes, c'est inutile ; cessez de M'offrir la fumée des sacrifices, J'en ai horreur ; cessez vos célébrations de nouvelles lunes, de sabbats ou de fêtes solennelles, Je n'admets pas un culte mêlé au crime, Je déteste vos fêtes de nouvelle lune, vos cérémonies sont un fardeau pour Moi, Je suis fatigué de les supporter. Quand vous étendez les mains pour prier, Je Me bouche les yeux pour ne pas voir.

Vous avez beau faire prière sur prière, Je refuse d'écouter, car vos mains sont couvertes de sang. Nettoyez-vous, purifiez-vous, écartez de Ma vue vos mauvaises actions, cessez de mal faire.
Apprenez à bien faire, préoccupez-vous du droit des gens, tirez d'affaire l'opprimé, rendez justice à l'orphelin, défendez la cause de la veuve. »
C'est ainsi que s'exprima, à travers Isaïe, le Dieu unique, Dieu de l'éternité, le Père de toute vie. Il employa des paroles puissantes afin de décider les hommes à rebrousser chemin.

A travers Son prophète Isaïe, l'Eternel s'opposa également avec force à l'idolâtrie qui, malgré les Commandements de Dieu donnés à travers Moïse, s'était de nouveau répandue après Abraham. Il dit :
« Le pays est rempli d'idoles : ils se prosternent devant l'ouvrage de leurs mains, devant ce que leurs doigts ont fabriqué. »

Cette accusation prononcée à travers Isaïe est aussi associée à une mise en garde prophétique :

« Tous les faux dieux seront balayés. On entrera dans les grottes des rochers et dans les profondeurs de la poussière, loin de la frayeur du SEIGNEUR, de l'éclat de sa majesté, quand Il se lèvera pour épouvanter la terre.

En ce jour-là, l'être humain jettera aux rats et aux chauves-souris ses faux dieux d'argent et ses faux dieux d'or, qu'il s'était faits pour se prosterner devant eux ; on entrera dans les creux des rochers et dans les fentes des rocs, loin de la frayeur du SEIGNEUR, de l'éclat de Sa majesté, quand Il se lèvera pour épouvanter la terre. »

Et dans un autre passage :

« Ceux qui fabriquent les statues des faux dieux ne sont rien, et leurs beaux objets ne servent à rien. ... Qui est-ce qui façonne un dieu ou fond une statue pour n'en retirer aucune utilité ? Tous ses compagnons seront honteux ; les ciseleurs eux-mêmes ne sont que des humains. Qu'ils se réunissent tous, qu'ils se présentent, et tous ensemble ils auront peur et seront honteux. »

Par des paroles claires, Dieu dénonce à travers Isaïe l'absurdité de l'idolâtrie, de l'adoration de statues :

« Le forgeron... travaille avec des braises et il façonne à coups de marteau ; il travaille d'un bras vigoureux ...

Le menuisier tend le cordeau, il la (la statue) dessine à la craie, il la forme au ciseau, il la dessine au compas ; il la fait sur le modèle d'un homme, il lui donne l'apparence d'un être humain, pour qu'elle habite dans une maison.

Il coupe des cèdres, il prend des rouvres et des chênes qu'il a laissé grandir parmi les arbres de la forêt ; il plante des pins, et la pluie les fait croître.

L'homme s'en sert pour faire du feu, il les prend pour se chauffer. D'une part, il en allume pour cuire du pain, d'autre part il fabrique un dieu, il se prosterne ; il en fait une statue, devant laquelle il fait des révérences.

Il jette au feu la moitié de son bois, avec cette moitié il va pouvoir manger de la viande, il cuit un rôti et se rassasie ; il se chauffe aussi et dit : Ah ! Ah ! Je me chauffe, je vois les flammes !

Et avec le reste il fait un dieu, sa statue, il fait des révérences devant elle, il se prosterne, il l'invoque et s'écrie : Délivre-moi, car tu es mon dieu !

Il n'a ni connaissance ni intelligence ; ses yeux sont bouchés, de sorte qu'il ne voit pas, et son cœur, de sorte qu'il n'a pas de bon sens.

Il ne réfléchit pas et il n'a ni connaissance ni d'intelligence pour dire : J'en ai jeté une moitié au feu, j'ai cuit du pain sur les braises, j'ai rôti de la viande et je l'ai mangée ; et avec le reste je ferai une abomination ! Je ferai des révérences devant un morceau de bois !

Il se repaît de cendres ; son cœur abusé l'égare, il ne le délivrera pas ; il ne dira pas : N'y a-t-il pas un mensonge dans ma main droite ? »

Aujourd'hui comme hier, l'idolâtrie ! Y a-t-il une différence entre l'idolâtrie et la vénération des saints ?

Isaïe annonça la venue du Messie et le Royaume de paix

Cependant, Isaïe ne se contenta pas d'une mise en garde contre l'idolâtrie des prêtres de l'époque et leur plaisir de tuer des animaux. Il annonça également la venue du Messie, du Rédempteur, qui se réalisa par la venue de Jésus de Nazareth et par Son acte de sacrifice sur le mont Golgotha.

La promesse que Dieu fit à travers Isaïe, la venue du Christ de Dieu, a été accomplie. Le plan de Dieu annoncé par Son prince céleste, le chérubin de la sagesse divine qui agissait en Isaïe, s'est accompli dans la vie et l'action du Nazaréen. Jésus Lui-même expliqua à Ses apôtres comment Sa venue fut annoncée dans les écrits des anciens prophètes.

Les églises institutionnelles croient elles aussi qu'à travers Isaïe, Dieu, l'Eternel, a ici exprimé la vérité. Se pourrait-il alors qu'Il se soit trompé concernant la suite de Son plan ? Car à travers Isaïe Il annonça bien d'autres choses encore, l'édification du Royaume de paix dans lequel la création parvient à l'unité, à la paix. Cela n'est-il pas appelé à s'accomplir ? N'est-ce qu'une belle utopie ? Non, tout comme la venue du Fils de Dieu en Jésus de Nazareth est devenue réalité, l'édification du Royaume de paix sur Terre se réalisera, tel que cela a été annoncé.

Isaïe dit :
« Le loup habite avec l'agneau, la panthère se couche près du chevreau. Veau et lionceau paissent ensemble, sous la conduite d'un petit garçon. La vache et l'ourse se lient d'amitié, leurs petits sont couchés l'un près de l'autre. Le lion se nourrit d'herbe et de paille.
Le nourrisson joue devant le nid de la vipère, l'enfant met sa main dans le trou du serpent.
Il ne se fait plus aucun mal sur toute ma montagne sainte car le pays est empli de la connaissance du Seigneur comme la mer est remplie d'eau. »

L'obéissance des masses aux prêtres et leur méconnaissance des prophètes de Dieu

Grâce à la Parole des vrais prophètes de Dieu, l'humanité de l'époque aurait pu accomplir les Commandements de l'Eternel. Par la mise en pratique du Sermon sur la Montagne de Jésus de Nazareth dans la vie de tous les jours, les fondements du Royaume de paix de Jésus-Christ auraient pu être créés. Cependant, la majeure partie de la population resta fermée aux paroles de Dieu, prisonnière du culte instauré par les prêtres à qui elle obéissait. Elle sacrifiait des animaux, des pigeons, des moutons, des chevreaux dans le temple de Jérusalem et transformait les autels en billots où le sang coulait à flots.

Dans le numéro de juin 2011 d'une revue allemande consacrée à l'histoire, « Spiegel Geschichte », Gil Yaron décrit ce qui se passait dans le temple de Jérusalem à l'époque de Jésus :

« Pour les sacrifices, les prêtres n'acceptaient que des animaux sans défauts, ils les attachaient et les égorgeaient. Le sang était récolté dans un récipient en or. Dans certains cas il fallait une habilité particulière : l'ongle du pouce servait à ouvrir le cou des volailles sacrifiées. Considéré comme le siège de l'âme, le sang était une partie importante de l'offrande. Il était répandu sur les coins de l'autel. Il y avait tout autour de l'autel « des trous d'évacuation d'eau, afin de pouvoir nettoyer rapidement le sang » des animaux sacrifiés. C'est ce qu'on peut lire dans la lettre d'Aristée, écrite par un juif égyptien. Après que le sang des animaux ait été répandu, leurs entrailles et leur graisse étaient brûlées sur l'autel. Les restes de l'animal étaient mangés par les prêtres ou ceux qui avaient apporté l'offrande. »

Le culte du sacrifice, l'offrande, se déroulait selon des règles strictes. Les personnes aisées amenaient une chèvre, un boeuf ou un agneau, les pauvres, eux, des pigeons ou des tourterelles. Pour un péché où le simple croyant pouvait faire pénitence avec une chèvre, le prêtre, lui, devait apporter un boeuf.

« *Certaines offrandes étaient apportées tout simplement par gratitude.* » C'est ce que l'on peut lire également dans la revue « Der Spiegel » : « *La première portée de petits d'un animal était consacrée aux prêtres. Deux fois par jour, un boeuf était officiellement sacrifié au nom et aux frais de César et du peuple romain... En dehors de cela, les prêtres pratiquaient l'offrande perpétuelle, à laquelle les lévites préparaient la foule par des chants et des sons de trompette qui lui indiquaient quand elle avait à s'incliner.* »

Le plus grand prophète de tous les temps, Jésus de Nazareth, le Fils de Dieu, entra dans ce centre de culte, le temple de Jérusalem, afin d'informer les gens de leurs mauvais agissements et d'en chasser les marchands d'animaux et les changeurs de monnaie. Il dit :

« *Il est écrit : Ma maison sera appelée « maison de prière ». Mais vous, vous en faites une caverne de bandits.* »

Le souhait de l'Eternel est d'appeler et rassembler Ses enfants, les hommes de tous les peuples, dans l'adoration du Dieu unique, qui ne réclame pas de sacrifier Ses enfants de la création mais qui à travers Ses vrais prophètes invitent les hommes à sacrifier leur comportement par trop humain, égocentrique, qui mène à la discorde, la haine, la jalousie, aux conflits et à la guerre.

Mais la puissante caste des prêtres ne toléra pas cela. Elle monta le peuple contre Jésus et le fit clouer sur la croix par les Romains. Par la crucifixion, l'adversaire de Dieu tenta de faire chuter et de bafouer le Fils de Dieu, le Corégent de l'Infini.

La pensée du culte du sacrifice et du sang continue à agir jusqu'à notre époque. Par la conversion du pain et du vin en corps et sang du Christ, et la consommation de soi-disant parties de Son corps, les institutions actuelles perpétuent le rituel du sacrifice au nom de tous et dont un dieu vengeur aurait besoin pour pardonner à Ses créatures.

Comment peut-on bafouer Dieu mieux qu'en faussant Ses Commandements ? Le culte pratiqué par les prêtres a érigé ce qu'il y a de plus bas en ce qu'il y a de plus élevé et a dénaturé ce qu'il y a de plus élevé, Sa Loi, pour en faire ce qu'il y a de plus bas.

Le Commandement « Tu ne tueras pas ! » fut ainsi déformé jusqu'à devenir un culte diabolique où il est dit : « Tu dois tuer en Mon honneur », afin d'offrir « un parfum apaisant pour le Seigneur », tel qu'on peut le lire dans la Bible. Le culte du sacrifice avec ses rituels de mise à mort sur les autels des « prêtres-magiciens » ne sert que le dieu des ténèbres à qui, aujourd'hui encore, dans des rituels évoquant le sang et la chair de Jésus, on sacrifie Celui-ci en tant qu'agneau du sacrifice.

Quel Dieu, avant d'accepter de Se réconcilier avec les hommes, pourrait-Il vouloir que Ses œuvres, jusqu'à Son Fils premier-né, soient sacrifiées ? Ce n'est pas la volonté du Dieu des prophètes mais celle du dieu des ténèbres et de sa suite !

Jésus, le Christ, enseignait l'Esprit libre,
sans dogmes, cultes ou cérémonies

Cependant, leur apparent triomphe sur le Fils de Dieu ne put vaincre l'Esprit libre, que Jésus, le Christ, enseignait et incarnait Lui-même. En tant que Rédempteur, Son Esprit agit en chaque homme et en chaque âme et, en tant que Christ de Dieu, Il continue d'agir dans le gigantesque plan de la rédemption.

La lumière qu'Il apporta sur Terre n'a pu être éteinte par la hiérarchie des prêtres. De tout temps, des hommes se sont rassemblés autour de l'Esprit libre, le Dieu d'Abraham, d'Isaac et de Jacob, le Dieu de Jésus de Nazareth, que Celui-ci appelait simplement « Père ». C'est le Dieu de tous les vrais prophètes. Il y a toujours eu des personnes pour suivre ces grands prophètes, des personnes qui se rassemblèrent et s'efforcèrent de vivre selon les Commandements de Dieu. Elles acceptèrent la Parole de la vérité et de la justice de Dieu afin de la réaliser dans leur vie et cela, dans le sens de l'Esprit libre, c'est-à-dire sans dogmes ni cultes, cérémonies ou prêtres.

Suivre librement le Christ en accomplissant la Parole de Dieu ne lie ni les hommes ni les âmes à quoi que ce soit, mais constitue par contre un danger pour le maintien du pouvoir des religions des prêtres, quelle que soit l'époque. Le clergé, prisonnier du culte, s'employa toujours à persécuter, détruire et empêcher le développement du christianisme des origines naissant, la pensée de l'unité vécue par des personnes qui voulaient honorer Dieu, l'Un unique.

L'abus du mot « chrétien »
par l'empereur-dieu romain
Pontifex Maximus

C'est ainsi que même après l'acte de rédemption de Jésus naquirent de nouvelles religions cultuelles, des religions créées par les prêtres et imprégnées de nombreuses conceptions et opinions humaines. Le paganisme tira au sort la tunique du Christ, et s'en revêtit pourtant quelques siècles plus tard. C'est ce qui se passa à travers la réapparition dans la papauté du personnage de Pontifex Maximus, l'empereur-dieu romain.

Les institutions se sont emparées de l'adjectif « chrétien » dont elles habillèrent les cultes issus du paganisme. Les paroles des prophètes de Dieu, revêtues d'un véritable ramassis de dogmes et de préceptes, servent d'appât pour garder les fidèles spirituellement appauvris et affamés dans les filets de ces institutions. Les peuples sont menés en laisse par les religions et leurs prêtres, et les puissants de ce monde espèrent bien que cette manipulation religieuse les rendra obéissants aussi sur le plan politique et qu'en suivant l'air du temps ils tomberont dans la trappe, tels des agneaux dociles. Cependant, la Parole de l'Eternel demeure immuable à travers toutes les époques.

Les religions des prêtres
sont redevables de preuves

L'état du monde, et en particulier la relation de l'homme à la création, aux animaux, aux plantes et au règne minéral, montre à quel point les dirigeants des religions dites « chrétiennes », qu'ils agissent dans les cercles politiques ou ecclésiastiques, ne prennent pas au sérieux la Parole des vrais prophètes de Dieu. Car où trouve-t-on dans les religions des prêtres la preuve qu'elles donnent réalité aux paroles du prophète Isaïe, à la grande vision du Royaume de paix en devenir, le Royaume de Jésus-Christ sur Terre ? En effet, quels sont les efforts accomplis dans ce sens ? Où trouve-t-on, ne serait-ce que l'ébauche d'une tentative de preuve montrant que l'homme peut retrouver l'unité avec la nature, ses plantes et ses animaux ? Il n'y en a pas, tout au contraire : allant à l'encontre de la prophétie d'Isaïe, de la vision du Royaume de paix de Jésus-Christ, les religions extérieures persistent dans une attitude hostile et de division envers les personnes d'autres croyances mais aussi dans l'exclusion et l'oppression de toutes les formes de vie ne présentant pas un visage humain. Visage humain qui, d'ailleurs, pour beaucoup, s'est transformé en une sorte de masque déformé par l'ego.

Au lieu d'apporter la preuve que le Royaume de Dieu peut être réalisé sur Terre, que le Sermon sur la Montagne peut donc être mis en pratique, les églises institutionnelles ont fait exactement le contraire, elles l'ont banni en le qualifiant d'utopie pour un autre monde.

On est donc en droit de se demander à quoi bon des religions institutionnelles, si d'emblée elles contournent l'accomplissement du cœur même des enseignements de base des grands prophètes, dont elles se réclament pourtant, en reléguant leurs enseignements au rang d'utopie pour un autre monde ?
Pourquoi attribuer des milliards de subventions de l'Etat à une religion qui relègue les prophètes de Dieu au rang de visionnaires pour autre monde ?

Pourquoi attribuer des subventions farami-
neuses aux religions extérieures qui traitent
l'enseignement de Jésus de Nazareth, au nom
duquel elles se font pourtant rémunérer, d'illu-
soire et impraticable dans notre monde, et qui
le relèguent à un autre monde ? Dieu serait-Il
un être fantasque ?

Dieu est-Il un utopiste lorsqu'Il annonce le
Royaume de paix à travers Ses envoyés ? A travers Ses prophètes, Dieu Se serait-Il permis un
tel gaspillage d'énergie ainsi qu'un tel irrespect
à l'égard de Ses enfants humains ? Ne ferait-Il
pas preuve d'une perfidie sans nom s'Il exigeait
des hommes de mettre en pratique un enseignement impossible à accomplir sur Terre ?

Cela correspond au mode de pensée des
églises institutionnelles qui traitent de fantasque le grand Esprit de la Vie. Jésus, le
Christ, est relégué au rang d'utopiste qui, selon
l'église, aurait vécu, lutté et serait mort pour
un enseignement impossible à accomplir par
l'humanité ici-bas.

Jésus S'est Lui-même adressé aux pharisiens de Son époque, qui ne Le comprenaient pas, en disant :

« Pourquoi ne comprenez-vous pas Mon langage ? Parce que vous ne pouvez écouter Ma Parole. Vous avez pour père le diable, et vous voulez accomplir les désirs de votre père. Il a été meurtrier dès le commencement, et il ne s'est pas tenu dans la vérité, parce que la vérité n'est pas en lui. Lorsqu'il profère le mensonge, ses paroles viennent de lui-même car il est menteur et le père du mensonge. Et Moi, parce que Je dis la vérité, vous ne Me croyez pas ! »

Si les églises institutionnelles avaient fait de la parole prophétique de l'Eternel leur ligne de conduite, 2700 ans après les prophètes Isaïe et Osée, 2600 ans après le prophète Jérémie et 2000 ans après Jésus de Nazareth, le Christ de Dieu, la Terre aurait un tout autre visage. La paix entre les hommes, entre les nations et les peuples, irait de soi et les armes auraient été transformées en socles de charrue. L'homme vivrait en unité avec les plantes et les animaux, avec la Terre mère. La Terre, cette merveilleuse planète d'habitation, ce joyau dans le firmament de l'Eternel, resplendirait dans la beauté de l'unité qui rayonne dans tout l'univers, et elle serait en mesure de recevoir et d'accueillir en elle toutes les forces positives, le rayonnement et la vibration de l'Existence éternelle pure.

Les fruits de
l'imposture des prêtres

A quoi ressemble la Terre aujourd'hui, 2700 ans après Isaïe, 2000 ans après Jésus ?

Elle est au bord de l'abîme, et l'homme en est la cause ! Pillée, vidée, empoisonnée et polluée, elle porte le fardeau que les hommes lui ont imposé. Cependant, pour combien de temps encore ?

Bardés d'un impressionnant arsenal d'armements, les puissants de ce monde parlent bien de paix, mais quand il s'agit de préserver leurs acquis, ils sont alors à tout moment prêts à utiliser leur matériel de mort contre leur prochain.

Le Christ de Dieu est particulièrement bafoué dans les pays où les gouvernants se réfèrent à Jésus, le Prince de la paix, qui disait : « *Celui qui prend l'épée périra par l'épée.* »

Des milliards sont consacrés à l'arsenal de guerre alors que seulement des sommes dérisoires sont allouées pour soulager la misère et la détresse. Des dizaines de milliers de personnes meurent de faim tous les jours, parce que les sacs remplis de céréales de ceux qui sont repus servent à engraisser des animaux reproduits artificiellement. Les peuples qui se soumettent au joug des églises institutionnelles, et qui de surcroît ont marqué du sceau de ces mêmes églises d'autres peuples, sont particulièrement responsables du désastre qui se profile et que l'on banalise en le nommant « transformation climatique ». Le despotisme et la soif de pouvoir effréné des êtres humains ont conduit la Terre à sa perte.

Ceux qui invoquent les idoles citent volontiers les paroles de l'Eternel dans leur discours, mais ils le font du bout des lèvres, les faussent et les mélangent à leurs traditions et conceptions humaines, afin de pouvoir ainsi les mettre au service de l'égoïsme exploiteur de l'humanité.

Reposons cette question : Quelle religion jusqu'à ce jour a pu produire la preuve que son Dieu est Celui qui conduit à la justice et à la paix ? Il suffit de regarder dans le monde pour constater que cette preuve n'a pas été apportée. Au lieu d'y voir les bons fruits de la justice provenant de la conscience de l'unité entre toutes les formes de vie, on y trouve ceux de l'imposture des prêtres ainsi que les fruits de ceux qui s'y sont laissés prendre. Cependant la Parole de Dieu reste immuable. « *En effet, jusqu'à ce que le Ciel et la Terre passent, pas un seul iota ou un seul trait de lettre de la Loi ne passera, jusqu'à ce que tout soit arrivé.* » Notons-le bien : il est question ici de la Parole de Dieu et non de celle des prêtres.

Dieu, l'Eternel, dit à travers Isaïe : « *La Terre est Mienne.* » Elle restera Sienne mais sera purifiée des déchets de l'égocentrisme humain, de la brutalité qui a conduit à son empoisonnement, à sa destruction et à son ravage. L'humanité devra supporter les conséquences de ses actes mus par le désir satanique de dépouiller Dieu de ce qui Lui appartient, la Création, la Terre et ses minéraux, ses plantes et ses animaux Sans cesse, l'Eternel a appelé l'homme à rebrousser chemin mais l'oreille humaine est restée sourde à Son appel.

Afin de refouler et de faire taire sa peur des conséquences qu'engendrent ses propres actes, la majeure partie de l'humanité a préféré se tourner vers des rituels anesthésiants, enfumés de vapeurs d'encens, vers le culte des indulgences et les confessionnaux, qui ne remédient en rien aux causes mais ouvrent au contraire la voie à d'autres infractions.

Les maîtres de cérémonies des religions
des prêtres adorent
les idoles qu'ils ont eux-mêmes créées

Jamais aucun prophète n'a fondé de religion extérieure où les hommes sont liés à des rituels, des dogmes et des doctrines. L'Esprit libre, qui est l'Unité de toute vie, n'a pas non plus mis en place, à travers aucun de Ses Prophètes, des médiateurs auxquels Ses enfants de la création devraient se soumettre pour communiquer avec Lui.

Pourquoi Jésus de Nazareth a-t-Il enseigné dans le « Notre Père » une relation directe avec Dieu à Qui nous pouvons nous adresser en tant que Père ? Et pourquoi les églises, elles, enseignent-elles justement le contraire en plaçant des prêtres comme médiateurs entre Dieu et Ses enfants ?

Par Sa Parole qu'Il révèle avec puissance, l'Eternel a toujours conduit directement les hommes vers la prise de conscience de leur responsabilité face à leurs sensations, pensées et actes mais aussi envers tout ce qui vit. Les prêtres et leurs religions se mirent eux-mêmes en place afin de lier les hommes à eux et à leurs cultes. Ils érigèrent des édifices faits de main d'homme où ils placèrent des statuts, des idoles dont eux-mêmes et leurs fidèles devaient adorer l'effigie. Aujourd'hui encore, des personnes s'agenouillent devant ceux qu'ils appellent des saints, alors que de tout temps les véritables prophètes de Dieu dénoncèrent l'idolâtrie.

A ce propos, voici d'autres paroles de Dieu données à travers Isaïe :
« A ton cri, qu'elles te délivrent, tes collections d'idoles ! Le vent les emportera toutes, un souffle les enlèvera. Mais qui se réfugie en Moi recevra la Terre comme patrimoine et Ma Montagne sainte comme possession. »

Aujourd'hui comme hier, les maîtres de cérémonies des religions des prêtres adorent les représentations des idoles qu'ils ont eux-mêmes créées. Ils invoquent Dieu en d'incessantes litanies au cours desquelles ils s'en remettent à Ses secrets et se font grassement payer pour leur dieu mystérieux et son idolâtrie. Ils se font grassement payer par le peuple dont par ailleurs ils se démarquent visiblement en se parant d'habits sacerdotaux coûteux. Parallèlement, ils cherchent à accroître et multiplier leurs prébendes, c'est-à-dire leurs revenus et leurs biens. Leur source de financement, c'est le peuple, qui est prêt à accepter et à payer les rites du culte et leurs prêtres occultes sans les remettre en question et en examiner la véracité à la lumière des paroles des vrais prophètes de Dieu.

Les institutions prétendent sans aucune gêne que la tâche des prophètes s'est reportée sur les prêtres ; lorsqu'un prêtre ou un évêque en fonction s'exprime, c'est Dieu qui parlerait à travers lui.

Bien que dans les livres de Moïse (le Pentateuque) contenus dans la Bible, à laquelle les institutions ecclésiastiques se réfèrent, on puisse lire :
« *Peut-être te demanderas-tu dans ton coeur :* « *Comment reconnaîtrons-nous que ce n'est pas une parole dite par le SEIGNEUR ?* » *Si ce que le prophète a dit au nom du SEIGNEUR ne se produit pas, si cela n'arrive pas, alors ce n'est pas une parole dite par le SEIGNEUR, c'est par*

présomption que le prophète l'a dite : Tu ne dois pas en avoir peur ! »

Les œuvres des religions sacerdotales montrent elles-mêmes où elles se situent.

Aucune religion en effet n'a apporté la preuve de la véracité de la Parole de Dieu en accomplissant ce qui a été annoncé à travers les prophètes : conduire à l'unité la vie sur la Terre avec tout ce qu'elle comporte : les minéraux, les plantes, les animaux et les êtres humains ; l'unité où chaque être vivant a sa place dans toute sa dignité, en tant qu'enfant de la création de Dieu. Les religions extérieures n'ont pas prouvé qu'elles vivaient la Parole de Dieu et accomplissaient ce que Ses prophètes avaient annoncé, de sorte que, comme l'Eternel l'exprima à travers Isaïe, elles *« reçoivent la Terre en héritage et possèdent Ma montagne sainte »*, *« la terre qui est emplie de sagesse comme la mer est remplie d'eau. »*

Non seulement Isaïe, mais également les prophètes Osée, Jérémie et Jésus ainsi que beaucoup d'autres porteurs de la Parole de Dieu, annoncèrent le Royaume de paix, tout comme l'accomplissement de l'Alliance avec Dieu, qui se montrera dans l'unité de toutes les formes de vie, l'unité entre l'homme, la nature et les animaux. Si les religions avaient accompli ce que les prophètes de Dieu avaient annoncé, elles auraient prouvé la véracité de la Parole de Dieu. Et la Terre serait bien différente aujourd'hui.

L'Eternel annonça qu'Il conclurait
une alliance avec les animaux.
Les Eglises institutionnelles continuent
à sacrifier Ses créatures

A travers le prophète Osée, l'Eternel annonça qu'Il conclurait une alliance avec les animaux de la forêt et des champs, avec la Terre entière. Mais les églises institutionnelles déclarent que les animaux n'ont pas d'âme, les considérant comme des êtres mus exclusivement par leur instinct. Dans ce cas, avec qui l'Eternel pourrait-Il bien conclure une Alliance ? Avec des cadavres dépourvus d'âmes ?

Seul celui qui a fait de son corps un autel du sacrifice pour chair de cadavres, n'est pas en mesure de percevoir la vie divine dans les animaux, qui sont des êtres très sensibles au caractère affirmé et plein de vie. Les sentiments d'une telle personne sont fermés à la création de Dieu.

Depuis des siècles, les institutions des églises dites chrétiennes s'opposent à la Parole de Dieu donnée à travers les prophètes. Elles se sont auto-proclamées « couronne de la création », sacrifiant la création même sur les autels qu'elles ont elles-mêmes dressés. L'état actuel de la Terre montre clairement où cela a conduit.

Bien des générations ont entendu Sa Parole et n'en ont pas tenu compte. Beaucoup de personnes ont ruiné le fondement intérieur nécessaire à une vie dans la conscience de l'unité et de la liberté du grand Un-Universel, par la haine, l'animosité, l'hostilité, pouvant aller jusqu'à des actions guerrières opposant des hommes entre eux, des peuples entre eux, des hommes à la nature et aux animaux.

A toutes les époques, la majorité des gens ont rejeté l'Esprit prophétique, l'appel de l'Eternel, ce qui a généré sur la terre entière d'indicibles souffrances, aussi bien pour les hommes que pour la nature dans son ensemble.

Le plan de rédemption issu du Royaume de Dieu fut et continue d'être torpillé en permanence par les forces négatives de l'adversaire de Dieu. Non seulement les porteurs de la Parole de Dieu sont toujours persécutés et attaqués par la caste des prêtres dominante et éliminés, selon l'esprit et les mœurs de l'époque, soit par le meurtre, soit par la diffamation, mais la Parole elle-même, quand elle n'a pu être étouffée, fut récupérée par les prêtres qui la falsifièrent et la détournèrent. Ils enveloppèrent la Parole de Dieu, donnée à travers les prophètes, de leur propre parole et d'une manière à peine perceptible, mais constante, inversèrent en leur contraire ce qu'avaient dit les prophètes de Dieu.

C'est dans les paroles prêtées à Moïse que cela est le plus visible. Un Commandement de Dieu donné à travers Moïse dit : « Tu ne tueras pas ». Alors que selon le Pentateuque, appelé également Livres de Moïse, rédigé en majeure partie par les prêtres, Dieu aurait ordonné le meurtre et l'homicide. On reconnaît facilement à l'histoire d'Aaron et de Moïse la lutte de la caste des prêtres contre les prophètes de Dieu. Aaron instaure le culte du veau d'or pendant que Moïse reçoit la Loi de Dieu. Aaron introduit le culte sacerdotal. Nombre de ces aspects seront prêtés plus tard à Moïse.

Dans son livre intitulé « Prophetische Denker. Löscht den Geist nicht aus! » qu'on peut traduire par « Les penseurs prophétiques. N'éteignez pas l'Esprit », Walter Nigg, théologien protestant et historien spécialiste de l'histoire de l'Eglise, dépeint le prêtre comme l'ennemi naturel du prophète. Si Dieu s'exprime à travers Ses vrais prophètes et que le prêtre est l'ennemi naturel du prophète, alors au service de qui est le prêtre ? Ce sont bien les prêtres de Son époque qui firent crucifier Jésus. Ce furent également les prêtres qui firent lapider Etienne par les Romains. Et ce furent encore et toujours les prêtres qui luttèrent contre la Parole de Dieu. Pourquoi ? Parce qu'à travers Ses vrais prophètes, Dieu a toujours démasqué les prêtres, tout comme Jésus a dit à Ses contemporains : « *Ne vous faites pas appeler Rabbi.* » Transposé à l'époque actuelle : « Ne vous faites pas appeler prêtres, évêques, voire même pape, car vous êtes tous frères et sœurs et Un seul est votre maître : le Christ. »

Les prêtres, qui se prétendent médiateurs entre Dieu et les hommes, ont fait de Lui un produit avec une étiquette à laquelle ils se cramponnent. Symboliquement, on pourrait dire qu'ils ont déposé un brevet pour ce produit et que celui qui veut trouver Dieu sans passer par leur intermédiaire se retrouve en procès : il se voit refuser le salut de l'âme, et cela pour l'éternité. Leur politique : « Sans nous, pas de contact avec Dieu ». Cette affirmation, mesurée aux paroles de Jésus, est un pur blasphème ! C'est le coeur de la pensée satanique, c'est-à-dire vouloir être plus grand que Dieu et Le séparer de Sa création. « Divise, lie, domine », c'est le credo des religions à culte sacerdotal, quelles qu'elles soient, tandis que la parole des prophètes de Dieu, elle, est placée sous le sceau divin : « Unis et sois. »

Les religions des prêtres se sont formées pour leurs propres intérêts et ceux des puissants de ce monde. De diverses manières, elles saignèrent à blanc les peuples qui leur obéissaient docilement et faisaient des prêtres leurs représentants devant la loi de Dieu.

Telles des pieuvres tentaculaires, les religions cultuelles se sont étendues sur la Terre pour exploiter les peuples et les mettre à leur service.

Alors qu'Il était incarné en Jésus de Nazareth, le Christ dit qu'Il n'était pas venu pour abroger la loi des prophètes mais pour l'accomplir. Il parlait d'accomplissement de la loi et non de cultes, de traditions, de dogmes et de rituels.

Pour nous permettre de reconnaître les actions réalisées dans Son Esprit, Il nous donna ce critère : « *Vous les reconnaîtrez à leurs fruits.* » Autrement dit, les œuvres accomplies dans Son Esprit portent de bons fruits. Là où de mauvais fruits apparaissent, ce n'est pas Lui qui est à l'œuvre mais Son adversaire.

*« Vous les reconnaîtrez
à leurs fruits. »*

Pourquoi ce monde, plus de 2000 ans après la venue du Christ, se trouve-t-il au bord du gouffre, alors que les institutions ecclésiastiques se réclamant du Christ sont devenues dans le monde entier les plus grandes religions cultuelles de l'humanité ? Ce critère simple énoncé par Jésus nous en donne la réponse : « *Vous les reconnaîtrez à leurs fruits.* » Ainsi, aujourd'hui, la mauvaise semence lève et la récolte des mauvais fruits a commencé.

Pourquoi ? Parce qu'aucune religion n'a fait la preuve de sa volonté de donner réalité au royaume de paix annoncé par les prophètes de Dieu. Où en est la soi-disant chrétienté ? Où en sont les puissantes et influentes institutions des prêtres, qui brassent les milliards dérobés aux populations au cours des siècles ? Mettent-elles en pratique le Sermon sur la Montagne, de sorte que l'on pourrait dire : « On peut reconnaître à leurs bons fruits qu'elles agissent dans l'Esprit du Christ de Dieu » ?

Bien au contraire, intrigues, bousculades sur les échelons de la hiérarchie, soif effrénée de luxe, avidité de pouvoir, voire des abus sexuels exercés sur des enfants et l'étouffement de ces scandales, ce sont là les dérives poussant sur le terreau du culte des religions des prêtres.

Ce sont les multiples fruits pourris d'un culte dont le summum de la diffamation réside dans le fait qu'il se réfère à Jésus, au Christ, Lui qui fustigea les prêtres de l'époque par ces paroles acerbes : *« Vous ressemblez à des sépultures blanchies qui paraissent belles au dehors, et qui au dedans sont pleines d'ossements de morts et de toute espèce d'impuretés. »*

Le soin de l'âme
ne se délègue pas

Conduits par des guides d'aveugles, eux-mêmes aveugles, un grand nombre de personnes se sont laissé bander les yeux en croyant à tort pouvoir remettre le salut de leur âme entre les mains d'un prêtre.

Elles déposèrent ainsi leur propre responsabilité dans les mains de prêtres bien que Dieu, l'Eternel, Se soit toujours adressé directement au peuple à travers Ses envoyés et non à travers des prêtres. Chacun est appelé à prendre ses responsabilités par rapport à la Parole de l'Eternel, qu'Il adressa à l'humanité tout entière.

Celui qui se laisse lier par des soi-disant représentants de Dieu, quel que soit le nom qu'ils se donnent, prêtres, évêques ou même pape, celui qui a remis sa vie spirituelle entre les mains de la corporation des marchands d'indulgences cultuels, les prêtres, court le danger, au moment de la mort, de passer le portail qui mène à l'au-delà sans conscience vivante, active. Son âme, éventuellement peu évoluée, se liera à nouveau, ou restera liée, au monde de conception des prêtres jusqu'à ce qu'elle reconnaisse que le soin et l'évolution de l'âme ne peuvent être délégués à un tiers, à aucun prêtre, pasteur, évêque ou pape.

Dans Son Sermon sur la Montagne, Jésus de Nazareth s'adresse à chacun. Il n'a pas convoqué le clergé et dirigé un concile afin d'édicter de nouveaux dogmes. Il appela les hommes à Le suivre, en toute liberté, non par le baptême d'enfants mineurs ou à travers des intermédiaires, pas non plus à travers les hiérarchies d'un clergé pratiquant des cultes.

Chacun de nous est appelé à ériger le Royaume de paix sur Terre par l'accomplissement des lois divines-spirituelles telles que les envoyés de Dieu, Ses prophètes, les transmirent aux hommes et tout particulièrement Jésus, le Christ.

Sa Parole donnée à travers l'envoyée de Dieu, Gabriele

Avant de devenir le Rédempteur de toutes les âmes et de tous les hommes sur le mont Golgotha, Jésus, le Christ, annonça Sa venue en Esprit comme régent du Royaume de paix. Il annonça le Consolateur, l'Esprit de la vérité qui nous conduirait dans toute la vérité. Il a tenu Sa promesse ! L'Eternel a révélé à l'humanité la plénitude de Sa Parole éternelle avec toujours plus de richesse.

Derrière les paroles de tous les vrais prophètes de Dieu qui, rétrospectivement, se dévoilent à nous comme autant de perles enfilées les unes derrière les autres, se trouve le puissant plan de rédemption de l'Eternel. Avec une puissance, une profondeur et une portée toujours grandissantes, l'Eternel Se révéla, et Se révèle encore, à travers Ses messagers.

Celui qui est capable de saisir les paroles des vrais prophètes y voit là la sagesse de Dieu, que l'on retrouve tel un fil conducteur lumineux dans toutes les révélations données à travers eux.

D'Abraham à Jésus, le Christ, en passant par les prophètes de l'Ancienne Alliance, Sa Parole, la vérité issue des Cieux, s'écoula vers nous les hommes en un courant toujours plus puissant. Intarissable comme l'éternité elle-même, l'Eternel, à travers Ses instruments, déverse Sa corne d'abondance sur les hommes, autant qu'ils sont capables de la saisir.

Depuis plus de 36 ans maintenant, l'Eternel nous parle en un puissant courant qui s'écoule à travers Gabriele, Sa prophétesse et messagère, l'envoyée de Dieu. Dans une dimension inégalée jusqu'alors, Il nous enseigne de manière détaillée tous les aspects de la loi de l'existence éternelle, dans le cadre des possibilités d'expression offertes par le langage humain qui les transpose dans les trois dimensions.

A travers Gabriele, Il nous enseigne tout ce que Ses disciples à l'époque ne pouvaient alors comprendre. A travers elle, Il parachève Son activité d'enseignant, Ses explications et enseignements nous permettant de parvenir à Dieu qui habite au plus profond de chacun de nous.

La Parole de l'éternité est divulguée dans tous ses détails, et aux quatre coins du monde, grâce aux émetteurs radios et chaînes de télévisions, ceci dans le cadre des possibilités offertes par le langage humain limité à ses trois dimensions. Inlassablement, Il appelle les Siens à reprendre conscience de leur origine spiri-tuelle divine, de leur filiation divine, qui tend à rassembler à nouveau tous les êtres humains dans la conscience qu'ils sont des fils et filles de Dieu.

L'Existence universelle, Dieu, l'Eternel, est im-muable. Il s'exprime dans le JE SUIS LE JE SUIS, d'éternité en éternité. Son message est celui de la patrie éternelle et s'adresse à tous Ses en-fants humains. L'appel qu'Il lance à travers Ses prophètes dans le monde entier est valable au-jourd'hui et demain, tout comme il l'était hier. Il perdure dans l'atmosphère de la Terre jusqu'à son accomplissement par ceux qui suivent Sa

Parole en vivant progressivement selon les lois de l'existence éternelle pure.

La Parole de Dieu donnée à travers Gabriele dans une abondance indescriptible est diffusée dans le monde entier. Au début de sa mission, Gabriele se rendit dans de nombreux pays et Dieu, l'Eternel, ainsi que le Christ, le Fils de Dieu, se révélèrent devant un nombre considérable de personnes avec des paroles puissantes. Parfois plus de 1000 personnes se rassemblaient pour entendre la Parole de Dieu et furent témoins de la façon dont le monde spirituel se révélait ainsi, directement à travers Gabriele, bien souvent pendant plus d'heure.

Pour tous ceux qui n'ont pas vécu eux-mêmes cet événement unique, cela paraît pratiquement inconcevable, tel qu'un jeune visiteur l'exprima lors d'un passage à la Bibliothèque Sophia. Comme beaucoup de personnes dans le monde entier, il connaît les messages du monde divin que l'on peut entendre à travers des émissions de télévision et des enregistrements audio. Fasciné, il demanda : « Dites-moi, étiez-vous déjà présent lors d'une révélation ? Etait-ce vraiment « en direct » ? Sans texte, sans notes ? »

Beaucoup de personnes peuvent en effet en témoigner : oui, c'est bien Dieu, l'Eternel, qui S'est révélé souvent pendant plus d'une heure à travers Son instrument et qui continue de le faire. C'est la Parole de Dieu, la Parole du Créateur de l'univers.

Cet événement incommensurable est effectivement difficilement concevable, car il requiert du prophète de Dieu une concentration extrême lui permettant de percevoir la Parole de Dieu à l'intérieur de lui-même afin de la restituer dans sa langue maternelle, sans se laisser distraire par quoi que ce soit. Jamais dans toute l'histoire de l'humanité, ne fut donnée plus grande preuve de l'Esprit prophétique que par la Parole de Dieu révélée à travers Gabriele à tant de milliers de personnes dans le monde entier.

La Parole de Dieu, non falsifiée, est maintenant donnée. Chacun peut librement la mettre au banc d'essai. La *Bibliothèque Sophia* contient l'immense trésor de la Parole de Dieu non falsifiée. Elle est l'arche d'alliance de l'Esprit libre. La Parole de Dieu authentique est traduite dans de nombreuses langues et mise à la libre disposition de chacun.

A travers Isaïe, l'Eternel annonça qu'il hisserait une bannière qui rassemblera une seconde fois les Siens des quatre points cardinaux.

La bannière est maintenant érigée. L'Esprit du Christ de Dieu s'adresse à tous les hommes de la Terre. Depuis plus de 36 ans, la Parole de l'Eternel et de Son Fils, le Corégent de l'Eternité, le Christ, est diffusée aux quatre points cardinaux à travers Son envoyée, Gabriele. Il rassemble les Siens, ceux qui se laissent toucher par Son Esprit et qui se préparent à nouveau à construire ensemble ce qui est annoncée dans la vision d'Isaïe : le Royaume de paix dans lequel plus aucun mal ne sera fait « sur toute Sa montagne sainte ».

A travers le prophète Osée, l'Eternel annonça qu'il conclurait une Alliance avec les animaux. Il dit :

« Ce jour-là, je conclurai pour mon peuple une alliance avec les animaux des champs, les oiseaux du ciel et les petites bêtes de la terre... et je ferai en sorte que mon peuple puisse enfin se coucher en sécurité. »

Ce jour est arrivé. A l'époque actuelle, une nouvelle partie de Son plan divin s'accomplit. L'Eternel accomplit ce qu'Il a annoncé à l'humanité à travers Ses prophètes :

Les fondations du Royaume de paix de Jésus, du Christ se construisent à notre époque. A travers Son envoyée, Gabriele, que Dieu l'Eternel nomme Sa prophétesse et messagère, a été posée la première pierre permettant la réalisation de Sa Parole donnée à travers Isaïe, Osée et d'autres prophètes, qui se fait par la mise en pratique de l'amour du prochain envers les hommes, les animaux et la nature.

Ces fondations en cours de développement apportent la preuve de la véracité de l'enseignement de l'Eternel, le Dieu unique : Celui d'Abraham, de Moïse et d'Isaïe, le Dieu de Jésus de Nazareth et de tous les vrais prophètes. La première pierre est posée. La pierre angulaire rejetée par les institutions religieuses deviendra la clé de voûte. Le plan de Dieu s'accomplit. C'est seulement maintenant, par la Parole de Dieu non falsifiée donnée à notre époque, que la signification globale et profonde des fragments qui restent de la Parole transmise par les grands prophètes de Dieu ressort dans toute son ampleur.

Grâce à Gabriele, nous comprenons aujourd'hui ces paroles données par l'Eternel à travers Isaïe :

« Le Ciel est Mon trône, la Terre Mon marchepied. Quelle maison pourriez-vous Me bâtir, quel serait le lieu de Mon repos. Toutes ces choses, c'est Ma main qui les a faites. »

C'est l'unité universelle qui parle, la vie universelle qui s'adresse à nous et aimerait nous mener à la conscience de l'unité avec toutes les formes d'existence. Par leurs doctrines et leurs édifices luxueux, les religions ont divisé l'humanité. Les conséquences en sont leur rejet mutuel, voire même des guerres motivées par la religion.

A toutes les époques, le Dieu parlant qui s'exprime à travers les vrais prophètes a envoyé Ses messagers pour soustraire les hommes à l'imposture des prêtres. L'Esprit prophétique est toujours l'Esprit de la liberté et de la justice, l'Esprit de l'unité entre toutes les formes d'existence. On peut être sûr que tout ce qui ne correspond pas à cela, ne vient pas de Dieu.

D'Abraham à Gabriele, à travers tous les porteurs de la Parole de Dieu, s'est créée une chaîne spirituelle, le plan céleste est révélé.
Le chérubin de la Sagesse divine, qui s'était incarné dans le grand prophète Isaïe, est le responsable du Royaume de paix de Jésus-Christ sur Terre. Son dual spirituel est incarné en Gabriele. Ensemble ils agissent pour la réalisation du plan divin. Le berceau de la création de Dieu a été sauvé grâce à l'acte de rédemption du Christ de Dieu. Sa lumière rayonne depuis en chaque âme et en chaque homme. La conscience que toutes les formes d'existence sont reliées les unes aux autres, tel que Gabriele nous l'enseigne à notre époque,

conduit les êtres humains à retrouver progressivement leur origine en eux-mêmes, le soi divin, l'existence divine, qui se trouve dans le noyau central, au plus profond de chacun. Faire grandir en soi la conscience que chacun est un fils ou une fille de Dieu et que toutes les créatures qui vivent avec nous sont également issues du souffle divin, amène à développer un tout autre comportement envers la nature, les plantes, les minéraux et les animaux. Des personnes apprendront ainsi à reconnaître les animaux comme leurs petits frères et sœurs. Elles percevront dans les plantes l'être en développement qui, tout comme elles, fait partie de l'unité universelle divine. Elles seront également attentives aux minéraux. Ainsi, l'être humain, la nature et les animaux retrouveront l'unité qui leur a été donnée par l'Esprit créateur de l'infini et qu'ils sont depuis toute éternité : des êtres dont Il est l'origine, des êtres faits de la force de Dieu, le Créateur.

« Comme au Ciel sur la Terre »
La pensée de l'unité
pour une nouvelle humanité

C'est dans cette conscience que Gabriele créa la Fondation Gabriele Internationale qui connaît aujourd'hui un rayonnement mondial, en tant qu'exemple et projet-phare pour les autres fondations, en particulier en Afrique. Les personnes de bonne volonté du monde entier sont appelées à développer la pensée de l'unité qui est : « *Sur la Terre comme au Ciel* ».

A partir de la mise en pratique de cette pensée de l'unité se développe très progressivement une nouvelle humanité dont l'éthique et la morale sont plus élevées, c'est-à-dire un genre humain empreint de liberté, un genre humain vivant consciemment dans le respect de la création et dans la conscience de l'unité de toute vie.

La terre annoncée par les grands prophètes de Dieu est là ! Elle constitue les fondements qui rayonnent et construisent d'autres oasis de Vie, tout spécialement en Afrique. L'Afrique est le berceau de l'humanité, et elle sera celui d'une nouvelle humanité qui a fait sienne l'éthique et la morale élevée de Jésus de Nazareth et participe à l'édification de la terre qui accueillera le Christ de Dieu lors de Sa venue en Esprit.

Une communication intense a déjà lieu entre la Terre de la Paix grandissante et les berceaux en Afrique. L'enfant est encore dans son berceau, mais lorsqu'il en sortira, il grandira et mûrira. Des êtres humains vivront alors dans l'accomplissement de cette haute éthique. Alors la boucle avec la Terre de la Paix de l'immense Fondation Gabriele Internationale pour la Nouvelle Ere sera bouclée.

Il y a déjà un début. Comme cela a été dit, l'enfant est encore couché dans son berceau, cependant il grandira et en sortira, et cela s'accomplira :

La Terre de la Paix,
l'accomplissement des visions de tous
les grands prophètes de Dieu.

En guise de conclusion, ces paroles de l'Eternel données à travers Isaïe, qui montrent clairement que la Parole des prophètes s'accomplit :

« Comme la pluie et la neige descendent des cieux et n'y retournent pas sans avoir arrosé, fécondé la terre et fait germer les plantes, sans avoir donné de la semence au semeur et du pain à celui qui mange, ainsi en est-il de la Parole qui sort de Ma bouche : Elle ne retourne pas à Moi sans effet, sans avoir exécuté Ma volonté et accompli avec succès ce pour quoi Je l'ai envoyée. » (Isaïe 55, 10-11)

Ceci est Ma Parole
A et Ω

l'Evangile de Jésus
La révélation du Christ
que connaissent les véritables chrétiens
du monde entier

Cette grande révélation du Christ va bien au-delà du contenu de la Bible. Elle nous donne une vision d'ensemble de ce qui fut, est et sera.

En construisant sur « l'Evangile de Jésus », un Evangile apocryphe, le Christ révèle Lui-même des détails de Sa vie sur Terre lorsqu'Il était Jésus de Nazareth. Il montre en particulier comment il est possible aux contemporains de notre époque de vivre selon les lois divines, les Dix Commandements de Dieu et Son Sermon sur la Montagne. Il nous permet aussi de nous projeter dans le futur, dans Son royaume de paix sur Terre à venir.

Quelques thèmes : Enfance et jeunesse de Jésus • La falsification de l'enseignement de Jésus de Nazareth au cours des 2000 ans passés • Sens et but de la vie sur Terre • Jésus a enseigné la loi de cause à effet • Le Sermon sur la Montagne • L'Etre Dieu • Dieu n'est pas un dieu colérique, Il ne punit pas • L'enseignement de la « damnation éternelle » bafoue Dieu • Jésus aimait les animaux et s'est engagé pour eux • Qui vit en Dieu est un avec toutes les créatures • La mort, la réincarnation et la vie • La vraie signification de l'acte de rédemption du Christ, et beaucoup d'autres thèmes encore.

www.la-parole.com

BROCHURES GRATUITES

Le message de la vérité

- Des perles de vie
- Une vie riche jusqu'à un âge avancé
- Paroles de réconfort
- Vous vivez éternellement, la mort n'existe pas
- Vous n'êtes pas seul

- Trouver de l'aide dans la maladie et la souffrance
- La réincarnation, une grâce de la Vie
- Le Sermon sur la Montagne, la clé d'une vie intérieure riche

Brochures reprenant le contenu d'émissions télévisées

- Ne baisse pas les bras ! Persévère !
- Dieu en nous
- La souffrance des animaux est la tombe des hommes